INHALT

FESTLICH UND KÖSTLICH

KLEIN & FEIN

Das große Toffifee® Backbuch

VERSCHENKEN & GENIESSEN

SELBER MACHEN & DEKORIEREN

VORWORT

Ein knackiger Haselnusskern in einer Schale aus leckerem Karamell, umgeben von zarter Nougatcreme und getoppt mit einer Schicht kräftiger Schokolade – hierbei kann es sich ganz klar nur um Toffifee handeln! Schon seit über 45 Jahren begeistert die beliebte Alltagspraline die ganze Familie. Das ist auch kein Wunder, denn die gelungene Kombination bietet für jeden Geschmack genau das Richtige.

Doch aus dem kleinen Naschklassiker kann noch viel mehr gezaubert werden: Festliche Torten, köstliche Kuchen, Leckereien für Zwischendurch oder süße Überraschungen zum Verschenken machen den gemütlichen Nachmittag mit Familie und Freunden zu einem unverwechselbaren Erlebnis. Die kreativen Deko-Ideen zum Selbermachen sorgen zusätzlich für die Extraportion Spaß auf jedem Kaffeetisch.

Viel Freude beim Backen, Dekorieren und Genießen wünschen

Karina Schmidt und das Toffifee®-Team

GRUNDANLEITUNG

MIT DEM TORTENRING BACKEN

Einige Rezepte erfordern Springformen mit unterschiedlichen Durchmessern. Zum Nachbacken musst du die Rezeptmengen nicht umrechnen, wenn du für diese Rezepte einen größenverstellbaren Tortenring verwendest.

1

Dazu Backpapier auf die Arbeitsfläche legen und den Tortenring auf die gewünschte Größe einstellen. Nun die Form des Tortenrings mit einem Bleistift umranden.

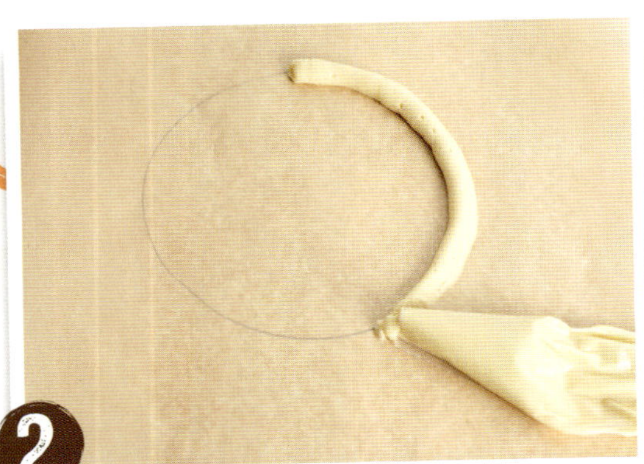

2

Das Backpapier wenden, auf ein Backblech legen und den Ring mit etwas Kuchenteig nach dem jeweiligen Rezept nachzeichnen.

3

Anschließend den Tortenring in den Teig hineindrücken.

In den Backofen schieben und ca. 3–4 Minuten bei 180 °C Ober- und Unterhitze backen, herausnehmen und den restlichen Teig in die Form füllen. Damit vermeidest du, dass der Teig sich außerhalb des Tortenrings auf dem Backblech verteilt.

SCHOKOLADE UND KUVERTÜRE SCHMELZEN

Kuvertüre oder Schokolade zunächst fein hacken oder alternativ Schokoladenchips verwenden. Die Schokoladenstückchen langsam unter Rühren in einem Schlagkessel über einem Wasserbad schmelzen. Darauf achten, dass das Wasser nicht zu heiß wird und kein Wasserdampf in die Kuvertüre gerät, da diese sonst verklumpen kann.

Alternativ die Kuvertüre 1 Minute in der Mikrowelle bei 600 Watt schmelzen – bei weißer Kuvertüre maximal 40 Sekunden. Anschließend herausnehmen und die Schokolade glatt rühren. Beim Schmelzen in der Mikrowelle sollte die Zeit nicht überschritten werden, da die Schokolade schnell verbrennt. Sollte die Kuvertüre noch kleine Klümpchen enthalten, erneut für 10 bis 20 Sekunden in die Mikrowelle stellen und anschließend glatt rühren.

BASISREZEPTE

TOFFIFEE-PULVER

ZUTATEN
1 PKG. TOFFIFEE (15 STÜCK)

Friere die Toffifee in der Packung für mindestens 2 Stunden ein. Anschließend herausnehmen, mit einem Mixer oder Pürierstab in Intervallen auf höchster Stufe fein zerkleinern.

TOFFIFEE-BASISCREME

ZUTATEN
1 PKG. TOFFIFEE (15 STÜCK)
40 ML SAHNE
40 G ZIMMERWARME BUTTER

Die Toffifee für mindestens 2 Stunden einfrieren. Anschließend mit einem Mixer oder Pürierstab fein zerkleinern. Die Sahne und die zimmerwarme Butter dazugeben und alles mixen, bis sich eine homogene Masse bildet. Die Creme in ein Glas füllen und kalt stellen.

KARAMELLSAUCE

ZUTATEN
30 ML WASSER
100 G ZUCKER
30 G BUTTER
80 ML SAHNE
1 PRISE SALZ

Wasser und Zucker in einem Edelstahltopf erhitzen und immer wieder mit einem Holzkochlöffel rühren. Die Mischung einmal aufkochen, den Herd auf mittlere Hitze reduzieren und den Sirup leicht köcheln lassen, bis er eine goldbraune Farbe annimmt. Das kann zwischen 8 bis 15 Minuten dauern.
Den Topf vom Herd ziehen und die Butter unterrühren, bis sie geschmolzen ist. Nun die Sahne nach und nach zugießen und das Salz unterrühren. Alles so lange rühren, bis sich eine homogene Sauce gebildet hat.
Die Karamellsauce in ein verschließbares Glas gießen und auf Zimmertemperatur abkühlen lassen. Im Kühlschrank hält sich die Sauce bis zu zwei Wochen, wird aber nach und nach etwas zähflüssiger werden.

Festlich & Köstlich

KAROTTEN-HASELNUSSTORTE MIT EDLEM SCHOKOGUSS

Süße Sünde

FÜR **12 STÜCKE** • ZUBEREITUNGSZEIT: **40 MIN.** • BACKZEIT: **60 MIN.**

FÜR DEN TEIG
150 ML RAPSÖL
150 G ZUCKER
1 PRISE SALZ
4 EIER
250 G KAROTTEN, FEIN GERIEBEN
SAFT VON ½ ORANGE
275 G MEHL
100 G GEMAHLENE HASELNÜSSE
1 PCK. BACKPULVER
1 TL ZIMT
100 G TOFFIFEE, GEMAHLEN

AUSSERDEM
100 G WEISSE SCHOKOLADE
100 G ZARTBITTERSCHOKOLADE
100 G VOLLMILCHSCHOKOLADE
12 TOFFIFEE
200 G ZARTBITTERKUVERTÜRE ODER SCHOKOLADENGLASUR
SPRINGFORM, **Ø 26 CM**
KREISAUSSTECHER IN VERSCHIEDENEN GRÖSSEN

1. Das Rapsöl mit dem Zucker und Salz schaumig rühren, die Eier nach und nach zugeben. Anschließend die fein geriebenen Karotten und den Orangensaft zugeben und unterrühren. Das Mehl und die Haselnüsse mit dem Backpulver mischen und nach und nach zum Teig geben. Den Zimt zugeben und die gemahlenen Toffifee unterheben. Den Teig in eine gefettete Springform füllen. Auf der zweiten Schiene von unten bei 180 °C Ober- und Unterhitze 45–55 Minuten auf Sicht backen und eine Stäbchenprobe machen.

2. Für die Garnierung die Schokolade schmelzen (siehe Seite 7). 8 Toffifee in die gewünschten Schokoladensorten tauchen und auf einem Gitter abtropfen lassen. Die restliche Schokolade nebeneinander auf eine Silikonmatte oder auf Backpapier gießen und abkühlen lassen. Mit runden Ausstechern verschiedener Größe Kreise ausstechen.

3. Den Kuchen aus der Form lösen, mit der geschmolzenen Zartbitterkuvertüre bestreichen und mit Toffifee, glasierten Toffifee und Schoko-Kreisen dekorieren.

TOFFIFEE-KOKOS-KUCHEN

BLECHKUCHEN MIT ÜBERRASCHUNG

FÜR **9–12 STÜCKE** • ZUBEREITUNGSZEIT: **15 MIN.** • BACKZEIT: **25 MIN.**

FÜR DEN TEIG
3 EIER
200 G ZUCKER
500 G BUTTERMILCH
550 G MEHL
1½ PCK. BACKPULVER
15 TOFFIFEE

FÜR DEN BELAG
100 G KOKOSRASPEL
50 G ZUCKER
1 PCK. VANILLEZUCKER
100 ML KALTE SAHNE

AUSSERDEM
BACKBLECH, **30 CM X 25 CM**

1. Den Backofen auf 180 °C Ober- und Unterhitze vorheizen. Eier und Zucker mit dem Schneebesen des Handrührgeräts cremig rühren. Buttermilch, Mehl und Backpulver zugeben. Den Teig auf einem mit Backpapier ausgelegten Backblech verteilen. Anschließend die Toffifee in den Teig drücken.

2. Den Kuchen auf der mittleren Schiene ca. 25 Minuten backen. Mit der Stäbchenprobe testen, ob der Kuchen durchgegart ist. In der Zwischenzeit die Kokosraspeln mit Zucker und Vanillezucker mischen.

3. Den Kuchen aus dem Ofen nehmen und sofort mit der kalten Sahne übergießen. Diese zieht so besonders schnell ein und der Kuchen wird schön saftig. Mit der Kokosraspelmischung bestreuen und abkühlen lassen.

Köstlich!

FESTLICH & KÖSTLICH

HASELNUSS-CREMETORTE

Knusperfein

FÜR **12 STÜCKE** • ZUBEREITUNGSZEIT: **25 MIN. + 1 H KÜHLZEIT** • BACKZEIT: **20 MIN.**

FÜR DIE BÖDEN
5 EIWEISS
1 PRISE SALZ
120 G ZUCKER
200 G HASELNÜSSE, GEMAHLEN

FÜR DIE CREME
200 ML SAHNE
100 G ZUCKER
2 EL AHORNSIRUP
5 EIGELB
150 G BUTTER, WEICH

AUSSERDEM
200 G HASELNÜSSE, GEHOBELT
5–8 TOFFIFEE

1. Den Backofen auf 170 °C Umluft vorheizen. Auf zwei Backpapierbogen je einen Kreis mit ø 24 cm zeichnen. Für die beiden Böden Eiweiß mit Salz steif schlagen und den Zucker langsam dazugeben. Anschließend die gemahlenen Haselnüsse unterheben. Das Backpapier mit der bemalten Seite nach unten legen. Den Teig in einen Spritzbeutel mit Lochtülle füllen und spiralförmig auf dem Papier innerhalb der Kreise auftragen. Teig glatt streichen und beide Böden etwa 20 Minuten backen. Die Böden sollten hell bleiben und nicht zu trocken werden. Abkühlen lassen.

2. Für die Creme Sahne, Zucker und Ahornsirup in einem Topf verrühren. Bei mittlerer Temperatur erwärmen und so lange weiterrühren, bis sich der Zucker vollständig aufgelöst hat. Nun die Eigelbe hinzugeben und weiterrühren bis die Creme andickt. Einmal kurz aufkochen lassen und sofort vom Herd nehmen. In eine Schüssel geben und abkühlen lassen. Die Butter mit dem Handrührgerät hell aufschlagen. Die abgekühlte Creme esslöffelweise vorsichtig unterrühren.

3. Die beiden Teigböden übereinander legen und eventuell leicht krosse Ränder abschneiden. Den ersten Boden auf eine Tortenplatte setzen und mit der Hälfte der Creme bestreichen. Den zweiten Boden auflegen und mit der restlichen Creme bestreichen. Die Torte eine Stunde kühl stellen.

4. Haselnüsse in einer Pfanne anrösten. Abkühlen lassen und die Torte ringsum mit den Nüssen bestreuen. Mit Toffifee garnieren.

Leicht und frisch

MANDARINEN-KUPPELTORTE MIT TOFFIFEE-BODEN

FÜR **12 STÜCKE** • ZUBEREITUNGSZEIT: **25 MIN. + 4 H KÜHLZEIT** • BACKZEIT: **15–20 MIN.**

FÜR DEN BISKUIT
3 EIER, GETRENNT
1 PRISE SALZ
60 G ZUCKER
40 G MEHL
6 TOFFIFEE, GEMAHLEN

FÜR DIE FÜLLUNG
6 BLATT GELATINE
350 G MANDARINEN AUS DER DOSE
300 G NATURJOGHURT
60 G PUDERZUCKER
1 TL ORANGENSCHALE
200 ML SAHNE

AUSSERDEM
SPRINGFORM, **Ø 24 CM**
SCHÜSSEL, **Ø 24 CM**
MINZBLÄTTCHEN ZUM GARNIEREN

1. Den Backofen auf 180 °C Ober- und Unterhitze vorheizen. Das Eiweiß mit einer Prise Salz aufschlagen. Den Zucker nach und nach dazugeben und alles zu einer steifen Masse schlagen. Das Eigelb unterheben. Anschließend ebenso mit dem Mehl und den gemahlenen Toffifee verfahren. Den Biskuitteig gleichmäßig in der mit Backpapier ausgelegten Springform verteilen und 15–20 Minuten hellgelb backen.

2. Die Gelatine 5 Minuten in kaltem Wasser einweichen. Die Mandarinen abtropfen lassen und pürieren. Den Joghurt mit dem Puderzucker, den Mandarinen und der Orangenschale verrühren. Die Sahne steif schlagen.

3. Die Gelatine abtropfen lassen und in einem Topf bei mittlerer Temperatur nach Packungsangabe auflösen. Die Joghurtmasse nach und nach unterrühren und die geschlagene Sahne unterheben. Die Masse in eine Schüssel mit ø 24 cm füllen und den Biskuitboden leicht darauf drücken. Den Kuchen mindestens 4 Stunden in den Kühlschrank stellen.

4. Die Schüssel umgedreht auf eine Servierplatte setzen und mit einem Föhn erwärmen, bis sich die Masse vom Schüsselrand löst. Mit Minzblättchen garnieren und sofort servieren.

TIPP

Statt zu föhnen, kannst du die Schüssel auch für wenige Sekunden in heißes Wasser stellen.

Großer Auftritt

NAKED CAKE MIT KARAMELLCREME UND FRÜCHTEN

FÜR **8 STÜCKE** • ZUBEREITUNGSZEIT: **50 MIN.** • BACKZEIT: **50 MIN.**

FÜR DEN TEIG
300 G BUTTER
300 G ZUCKER
MARK VON **1** VANILLESCHOTE
3 EIER
300 G MEHL
1 GESTR. TL BACKPULVER
1 PRISE SALZ

FÜR DIE TOFFIFEE-CREME
125 G WEICHE BUTTER
75 G PUDERZUCKER
200 G FRISCHKÄSE
1 PORTION TOFFIFEE-BASISCREME (SIEHE BASISREZEPT S. 8)

AUSSERDEM
500 G GEMISCHTES OBST (HIMBEEREN, BLAUBEEREN, JOHANNISBEEREN, BROMBEEREN)
TOFFIFEE ZUM GARNIEREN
SPRINGFORM, **Ø 18 CM**

1. Für die Tortenböden die Butter, den Zucker und das Vanillemark schaumig aufschlagen. Anschließend die Eier einzeln dazugeben. Sobald eine homogene Masse entstanden ist, Mehl, Backpulver und Salz unterheben. Die Masse in die gefettete Springform geben und bei 180 °C Ober- und Unterhitze 40–50 Minuten backen. Mit der Stäbchenprobe testen, ob der Kuchen durchgegart ist. Den Teig aus dem Backofen nehmen und gut auskühlen lassen. Am besten über Nacht, in Frischhaltefolie verpackt, ruhen lassen.

2. Für die Creme die Butter mit dem Puderzucker cremig aufschlagen. Den Frischkäse esslöffelweise zugeben. Nicht zu viel auf einmal zugeben, da sonst die Creme unter Umständen flockig wird. Nun die Toffifee-Masse unterheben. Die Creme kühl stellen.

3. Das Obst waschen. Ca. 100 g Früchte für die Dekoration beiseitelegen. Das restliche Obst je nach Größe halbieren. Den Kuchen in drei Böden teilen. Die Hälfte der Creme auf zwei Tortenböden verteilen, jeweils etwas Obst dazwischen geben und alle Böden übereinander stapeln. Die restliche Creme oben verstreichen und mit Obst und Toffifee garnieren.

TIPP

Für eine Springform mit ø 26 cm benötigst du die doppelte Menge an Teig und die Backzeit verlängert sich um 5–10 Minuten.

FESTLICH & KÖSTLICH

HASELNUSS-SCHNITTE MIT MOUSSE-KUGEL

EIN STÜCK VOM KUCHENGLÜCK

FÜR **10–12 STÜCK** • ZUBEREITUNGSZEIT: **90 MIN. + 4 ½ H KÜHLZEIT** • BACKZEIT: **30 MIN.**

FÜR DIE MOUSSE
125 G WEISSE KUVERTÜRE
1 EI
2 EL ZUCKER
100 ML MILCH
125 ML SAHNE

FÜR DEN MÜRBTEIG
250 G MEHL
75 G ZUCKER
1 PCK. VANILLEZUCKER
125 G BUTTER
1 EI
1 PRISE SALZ

FÜR DEN BISKUIT
3 EIER, GETRENNT
1 PRISE SALZ
60 G ZUCKER
90 G MEHL

FÜR DIE FÜLLUNG
1 PORTION TOFFIFEE-BASISCREME
(SIEHE BASISREZEPT S. 8)

AUSSERDEM
2 EL WEISSE SCHOKORASPEL
2 EL KROKANT
BACKBLECH, CA. **30 CM X 40 CM**

1. Die Kuvertüre schmelzen (siehe Seite 7) und etwas abkühlen lassen. Das Ei trennen, das Eiweiß mit 1 EL Zucker steif schlagen und kalt stellen. Das Eigelb mit dem restlichen Zucker im heißen Wasserbad aufschlagen, bis es andickt. Die Milch erwärmen und die Kuvertüre damit glatt rühren. Diese Kuvertürenmilch mit der Eigelbmasse über einem kalten Wasserbad schlagen, bis die Masse abgekühlt ist. Die Sahne steif schlagen und mit dem Eischnee unter die Ei-Schokoladen-Masse heben. Mindestens 4 Stunden kalt stellen.

2. Alle Zutaten für den Mürbteig mischen und zu einer feinkrümeligen Masse verarbeiten. Den Teig auf der Arbeitsfläche kneten, zu einer flachen Platte formen und in Frischhaltefolie wickeln. 30 Minuten im Kühlschrank kühlen. Den Backofen auf 180 °C Ober- und Unterhitze vorheizen. Den Teig auf einer leicht bemehlten Arbeitsfläche 3–4 mm dünn ausrollen und auf ein mit Backpapier ausgelegtes Backblech legen. 10–12 Minuten auf mittlerer Schiene backen, herausnehmen und abkühlen lassen.

3. Für den Biskuit den Backofen auf 180 °C Ober- und Unterhitze vorheizen. Das Eiklar mit Salz aufschlagen. Den Zucker nach und nach zugeben und alles zu einer steifen Masse schlagen. Die Eigelbe nacheinander unterheben. Mit dem Mehl ebenso verfahren. Den Teig gleichmäßig auf das mit Backpapier ausgelegte Backblech streichen. Den Biskuit ca. 15–20 Minuten hellgelb backen. Abkühlen lassen.

4. Die Toffifee-Creme auf den Mürbteig streichen und den Biskuitboden darauflegen. Den Kuchen in ca. 10 cm x 10 cm große Quadrate schneiden. Mousse-Kugeln formen und pro Kuchenstück je eine Kugel aufsetzen. Mit weißen Schokoraspeln und Krokant garnieren. Bis zum Servieren kühl stellen.

DER KLASSIKER NEU INTERPRETIERT

Toffifee-Tiramisu

FÜR **4–6 PORTIONEN** • ZUBEREITUNGSZEIT: **20 MIN + 4 H KÜHLZEIT**

FÜR DIE MASCARPONE-CREME
3 EIER, GETRENNT
30 G ZUCKER
300 G MASCARPONE
20 LÖFFELBISKUITS
1 TASSE KAFFEE, ABGEKÜHLT
2 EL AMARETTO

FÜR DIE FÜLLUNG
1 PORTION TOFFIFEE-BASISCREME (SIEHE BASISREZEPT S. 8)

AUSSERDEM
6 TOFFIFEE
1 EL KAKAO
AUFLAUFFORM, **20 CM X 10 CM**

1. In einer hohen Schüssel das Eiweiß steif schlagen. Anschließend das Eigelb mit dem Zucker schaumig schlagen und den Mascarpone von Hand mit einem Schneebesen unterrühren – mit dem Handrührgerät wird die Creme schnell zu flüssig. Nun das Eiweiß vorsichtig unter die Masse heben.

2. In einem tiefen Teller Kaffee mit Amaretto mischen und die Löffelbiskuits darin kurz eintauchen. Die Hälfte der Löffelbiskuits in eine Auflaufform legen, mit der Hälfte der Toffifee-Creme dünn bestreichen, dann die Hälfte der Mascarpone-Creme darüber verteilen.

3. Anschließend die restlichen Löffelbiskuits in der Auflaufform verteilen, mit der restlichen Toffifeecreme bestreichen und die übrige Mascarponecreme darüber verteilen. Das Tiramisu mindestens 4 Stunden kalt stellen, im Idealfall aber über Nacht. Die Toffifee ins Gefrierfach legen.

4. Die gefrorenen Toffifee mit dem Mixer oder Pürierstab zu feinem Mehl zermahlen. Den Kakao unterrühren und das Tiramisu vor dem Servieren mit dem Pulver bestreuen.

TOFFIFEE-DRIP-CAKE

Ganz große Tortenliebe

FÜR **12 STÜCKE** • ZUBEREITUNGSZEIT: **2 H + 5 H KÜHLZEIT** • BACKZEIT: **45–60 MIN.**

FÜR DIE KARAMELL-GANACHE

300 ML SAHNE
750 G WEISSE SCHOKOLADE, IN STÜCKE GEBROCHEN
200 G TOFFIFEE-BASISCREME (SIEHE BASISREZEPT S. 8)

FÜR DEN TEIG

300 G BUTTER
270 G ZUCKER
1 TL VANILLEZUCKER
1 PRISE SALZ
5 EIER
350 G MEHL
1 PCK. BACKPULVER
50 G KAKAO, ENTÖLT UND OHNE ZUCKERZUSATZ
70 ML MILCH

FÜR DIE GLASUR

100 G APRIKOSENKONFITÜRE
150 G ZARTBITTERKUVERTÜRE
100 ML SAHNE

AUSSERDEM

TOFFIFEE
50 G HASELNÜSSE, GEHOBELT
SPRINGFORM, **Ø 24 CM**

1. Für die Ganache die Sahne aufkochen, vom Herd nehmen und die Schokolade sowie die Toffifee-Creme hineinrühren, bis sich die ganze Schokolade aufgelöst hat. Die Ganache in eine Schüssel umfüllen und abgedeckt im Kühlschrank mindestens 6 Stunden abkühlen lassen.

2. Den Backofen auf 180 °C Ober- und Unterhitze vorheizen. Butter mit Zucker schaumig rühren, Vanillezucker und Salz zugeben und die Eier nacheinander unterrühren. Anschließend Mehl, Backpulver, Kakao und Milch zugeben. Den Teig in die gefettete Springform füllen und 45–60 Minuten backen. Abkühlen lassen und in drei gleich dicke Böden schneiden. Das Unterteil wird nach oben gesetzt, damit die Torte einen geraden Abschluss hat.

3. Die Aprikosenkonfitüre in einem Topf erwärmen, bis sie sich verflüssigt, dann durch ein Haarsieb auf den Kuchen streichen und gleichmäßig verteilen – vor allem an den Seitenrändern. Gut trocknen lassen.

4. Die Ganache aufschlagen, bis die Creme steif ist. Nun die Torte innen füllen und außen bestreichen. Mindestens eine Stunde tiefkühlen.

5. Die Sahne aufkochen und die Kuvertüre klein hacken. Die Sahne vom Herd nehmen und die Kuvertüre unterrühren, bis sie geschmolzen ist. Auf Zimmertemperatur abkühlen lassen, dann mittig auf die Torte gießen und die Schokolade in „Nasen“ am Rand herunterlaufen lassen. Mit Toffifee und Haselnüssen dekorieren. Torte vor dem Servieren eine Stunde in den Kühlschrank stellen.

Toffifee

KAFFEE-FIEBER

LUFTIGE CREME-SCHNITTE

FÜR **16–20 STÜCKE** • ZUBEREITUNGSZEIT: **90 MIN. + 5 ½ H KÜHLZEIT** • BACKZEIT: **30 MIN.**

FÜR DIE CREME

2 EL INSTANT-CAPPUCCINO
6 BLATT GELATINE, IN KALTEM WASSER EINGEWEICHT
500 ML SAHNE
2 EL BACKKAKAO

FÜR DEN KEKSTEIG

300 G MEHL
100 G ZUCKER
1 PCK. VANILLEZUCKER
200 G BUTTER
1 EI
1 PRISE SALZ

FÜR DEN BISKUIT

4 EIER, GETRENNT
1 PRISE SALZ
120 G ZUCKER
60 G MEHL
20 G BACKKAKAO

AUSSERDEM

75–100 G ORANGENMARMELADE
1 TL KAKAO
20 TOFFIFEE
BACKBLECH, CA. **25 CM X 35 CM**

1. Cappuccinopulver in 6 EL heißem Wasser auflösen. Die Gelatine gut ausdrücken und im Cappuccino auflösen. Abkühlen lassen. Sahne steif schlagen und den Kakao einrieseln lassen. 2–3 EL Sahne unter den abgekühlten Kaffee geben, diesen unter die restliche Sahne ziehen. 3 Stunden kühl stellen.

2. Alle Zutaten für den Keksteig mischen und zu einer feinkrümeligen Masse verarbeiten. Auf der Arbeitsfläche verkneten, zu einer flachen Platte formen und in Frischhaltefolie wickeln. 30 Minuten im Kühlschrank kühlen. Den Backofen auf 180 °C Ober- und Unterhitze vorheizen. Den Teig halbieren und dünn ausrollen. Ein 20 cm x 30 cm großes Rechteck ausschneiden. Den Teig auf ein Backblech legen und 10–12 Minuten auf mittlerer Schiene backen. Herausnehmen, der Länge nach halbieren und abkühlen lassen.

3. Den Backofen auf 180 °C vorheizen. Eiklar mit Salz aufschlagen, Zucker nach und nach zugeben und alles zu einer steifen Masse schlagen. Eigelbe, Mehl und Kakao unterheben. Den Teig gleichmäßig auf ein mit Backpapier ausgelegtes Blech etwas größer als den Mürbteig streichen und 12–18 Minuten backen. Abkühlen lassen. Auf die gleiche Größe wie den Mürbteig schneiden, dann einmal quer halbieren.

4. Auf den Mürbteig eine dünne Schicht Orangenmarmelade auftragen. Anschließend einen Biskuitteig darauflegen, mit Creme bestreichen – 4 EL Creme übrig lassen – und den zweiten Biskuit auflegen. Wieder Orangenmarmelade auftragen und den zweiten Mürbteigstreifen auflegen. Mit der restlichen Creme abschließen. Leicht mit Kakao bestreuen und mit Toffifee garnieren. Mindestens 2 Stunden durchkühlen lassen.

FESTLICH & KÖSTLICH

Ein Hauch von Fernweh

MATCHA-KUCHEN

FÜR **16 STÜCKE** • ZUBEREITUNGSZEIT: **30 MIN. + 60 MIN. KÜHLZEIT**

FÜR DEN KEKSBODEN

12 SCHOKOLADENKEKSE, **CA. 150 G**
125 G TOFFIFEE, FEIN GEMAHLEN
3–4 EL BUTTER, GESCHMOLZEN
1 PRISE SALZ
40 G PISTAZIEN, GROB GEHACKT

FÜR DIE CREME

200 G FRISCHKÄSE
2 EL ZITRONENSAFT
250 ML SAHNE
50 G ZUCKER
2 TL MATCHA-PULVER, GESIEBT
¼ TL KARDAMOM, GEMAHLEN
4 BLATT GELATINE, IN KALTEM WASSER EINGEWEICHT

AUSSERDEM

12 TOFFIFEE
3 EL PISTAZIEN, GEHACKT
FORM, **15 CM X 20 CM**

1. Für den Keksboden die Kekse grob zerbröseln und in einen Zipp-Beutel geben. Diesen verschließen und mit einem Nudelholz darüber rollen. Die Kekse nicht zu fein zerkleinern. Die Keksbrösel mit den gemahlenen Toffifee, der geschmolzenen Butter, dem Salz und den Pistazien mischen und auf einem mit Backpapier ausgelegten Backblech gleichmäßig festdrücken. Eine Stunde im Kühlschrank gut durchkühlen lassen.

2. In der Zwischenzeit den Frischkäse mit dem Zitronensaft cremig schlagen, die Sahne zugeben und mit den Schneebesen des Handrührgeräts so lange schlagen, bis die Creme fester wird und steife Spitzen formt. Nun den Zucker, das Matcha-Pulver und Kardamom zugeben. Die Gelatine laut Packungsangabe auflösen, 3 EL der Matcha-Masse dazugeben und alles verrühren, dann unter die restliche Masse heben. Die Creme auf dem gekühlten Keksboden verteilen und glattstreichen. Über Nacht kalt stellen.

3. Kurz vor dem Servieren den Kuchen mithilfe des Backpapiers vom Backblech heben. Mit etwas Matcha-Pulver, Pistazien und den Toffifee garnieren.

FESTLICH & KÖSTLICH

JOCONDE-KIRSCHROLLE

HÜBSCH GEMUSTERT & KÖSTLICH GEFÜLLT

FÜR **10 STÜCKE** • ZUBEREITUNGSZEIT: **60 MIN. + 15 MIN. KÜHLZEIT** • BACKZEIT: **15–20 MIN.**

FÜR DAS MUSTER
50 G EIWEISS
50 G BUTTER
50 G PUDERZUCKER
40 G MEHL
20 G BACKKAKAO

FÜR DEN BISKUITTEIG
4 EIER, GETRENNT
1 PRISE SALZ
180 G ZUCKER
120 G MEHL

FÜR DIE FÜLLUNG
400 ML SAHNE
2 EL ZUCKER
2 EL KAKAO ENTÖLT, OHNE ZUCKERZUSATZ
3 TASSENPORTIONEN INSTANT-KAFFEEPULVER (À 10 G)
100 G TOFFIFEE, GEMAHLEN
200 G KIRSCHEN, ENTSTEINT

1. Für die Musterfarbe das Eiweiß steif schlagen. Anschließend in einer zweiten Schüssel Butter und Puderzucker cremig aufschlagen, Mehl und Kakao zugeben und den Eischnee unterheben. Die Masse in einen Spritzbeutel füllen und das Muster auf eine Silikonmatte oder Backpapier spritzen. Anschließend mindestens 15 Minuten tiefkühlen. Den Backofen auf 180 °C Ober- und Unterhitze vorheizen – keine Umluft verwenden, das trocknet den Teig zu sehr aus.

2. Das Eiklar mit einer Prise Salz aufschlagen. Den Zucker nach und nach zugeben und alles zu einer steifen Masse schlagen. Nun die Eigelbe mit einem Teigschaber nacheinander unterheben. Anschließend ebenso mit dem Mehl verfahren. Den Teig gleichmäßig auf die Silikonmatte bzw. das Backpapier mit dem Muster streichen und die Matte auf ein Backblech legen. Den Biskuit 15–20 Minuten hellgelb backen und eventuell die dünneren, harten Ränder abschneiden. Den Biskuit auf ein gezuckertes, sauberes Küchenhandtuch oder Backpapier stürzen und noch heiß zur Rolle aufrollen. Darauf achten, dass bei der Rolle das Muster außen ist! Den Teig gut auskühlen lassen.

3. Die Sahne zusammen mit dem Zucker, Kakao und Kaffeepulver steifschlagen und die gemahlenen Toffifee unterheben. Den abgekühlten Biskuit ausrollen. Die Kirschen in die innerste Rille der Rolle füllen und den Rest des Biskuits gleichmäßig mit der Creme bestreichen. Rechts und links je einen 1 cm breiten Rand, am schmalen Ende einen 2 cm breiten Rand lassen, damit die Füllung nicht herausquillt. Den Biskuit wieder aufrollen und mit der letzten Umdrehung auf die Tortenplatte rollen lassen.

Klein & fein

Was für's Auge

MINI-CHARLOTTE

FÜR **8–10 TÖRTCHEN** • ZUBEREITUNGSZEIT: **30 MIN. + 1 H KÜHLZEIT**

FÜR DIE CREME

250 G MASCARPONE
300 ML SAHNE
150 G FRISCHKÄSE
50 G ZUCKER
2 EL BACKKAKAO
1 PORTION TOFFIFEE-PULVER (SIEHE BASISREZEPT S. 8)
2 PCK. SAHNESTEIF
2 PCK. VANILLEZUCKER

FÜR DIE CHARLOTTE

300 LÖFFELBISKUITS
200 G HIMBEEREN, HEIDELBEEREN, ERDBEEREN UND BROMBEEREN

AUSSERDEM

1 PKG. TOFFIFEE
DESSERTRINGE, **Ø 8 CM**

1. Den Mascarpone und 50 ml Sahne in eine Schüssel geben und beides mit dem Schneebesen von Hand gut verrühren – mit dem Handrührgerät wird die Masse zu flüssig. Nun Frischkäse, Zucker Kakao und das Toffifee-Pulver zugeben und alles gut aufschlagen. In einer weiteren Schüssel die restliche Sahne aufschlagen, das Sahnesteif und den Vanillezucker nebenher einrieseln lassen. Die Sahne unter die Mascarpone-Frischkäsemasse heben und kühl stellen.

2. Die Löffelbiskuits an der unteren Seite begradigen und kreisförmig in die Dessertringe hineinstellen, am besten direkt schon auf die Dessertteller. Die Schokocreme in einen Spritzbeutel mit Sterntülle füllen und in die Mitte spritzen. Die Törtchen mit Toffifee und Früchten nach Belieben dekorieren.

KLEIN &
FEIN

TOFFIFEE-SAHNE-PUDDING

Genuss in zwei Schichten

FÜR 6 PORTIONEN • ZUBEREITUNGSZEIT: 15 MIN. + 30 MIN. KÜHLZEIT

FÜR DEN TOFFIFEE-PUDDING
15 TOFFIFEE
2 EL BACKKAKAO
30 G ZUCKER
35 G SPEISESTÄRKE
500 ML MILCH

FÜR DEN SAHNEPUDDING
20 G ZUCKER
20 G SPEISESTÄRKE
140 ML MILCH
140 ML SAHNE
50 G WEISSE SCHOKOLADE, GEHACKT

1. 9 Toffifee für mindestens 2 Stunden ins Gefrierfach legen. Anschließend mit dem Stabmixer zu einem feinen Pulver zerkleinern. Das Pulver mit Kakao, Zucker und Stärke in einem Schüttelbecher mischen. 150 ml Milch hinzugeben und bei geschlossenem Deckel erneut gut durchschütteln.

2. Die restliche Milch erhitzen. Sobald sie zu kochen anfängt, sofort die Toffifee-Milchmischung dazugeben und mit dem Schneebesen unterrühren. Weiterrühren bis die Masse andickt. Den Pudding in Gläser füllen. Abkühlen lassen.

3. Für den Sahnepudding Zucker, Stärke und 100 ml Milch in den Schüttelbecher geben und alles gut miteinander vermischen. Sahne mit der restlichen Milch aufkochen. Sofort die Stärke-Milchmischung und die Schokolade dazugeben und mit dem Schneebesen unterrühren. Masse andicken lassen. Den Pudding gleichmäßig in die Gläser verteilen. Jeweils mit einem Toffifee garnieren und kalt stellen.

lecker!

KLEIN & FEIN

Cooler geht's nicht!

EIS AM STIEL IM SCHOKOMANTEL

FÜR **6 STÜCK** • ZUBEREITUNGSZEIT: **30 MIN. + 8,5 H KÜHLZEIT**

FÜR DAS EIS
500 G VANILLE- ODER STRACCIATELLA-EIS
120 ML KARAMELLSAUCE (SIEHE BASISREZEPT S. 9)
10 TOFFIFEE, GROB GEHACKT
250 G ZARTBITTERSCHOKOLADE, GESCHMOLZEN
10 G KOKOSFETT

AUSSERDEM
6 EISFORMEN **(À 80 ML)**
6 EISSTIELE

1. Das Eis in eine Schüssel geben. Mit den Knethaken eines Handrührgeräts verrühren, bis es leicht cremig wird. Karamellsauce und die gehackten Toffifee untermischen. Die Masse anschließend in Eisformen füllen und die Eisstiele hineinlegen. Das Eis für mindestens 8 Stunden – am besten über Nacht – einfrieren.

2. Die Formen unter heißes Wasser halten oder kurz anföhnen und das Eis herauslösen. Auf ein mit Backpapier ausgelegtes Backblech legen. Erneut für 30 Minuten einfrieren.

3. Die Kuvertüre im Wasserbad schmelzen (siehe Seite 7). Etwas abkühlen lassen. Den oberen Teil des Eises in die Schokolade tauchen, kurz abtropfen lassen. Entweder sofort wieder einfrieren oder gleich genießen.

CAPPUCCINO-NUSS-TÖRTCHEN

LUFTIG-LEICHTER KAFFEETRAUM

FÜR **6 STÜCK** • ZUBEREITUNGSZEIT: **1 H + 30 MIN. KÜHLZEIT**

200 G WEISSE SCHOKOLADE, GROB GEHACKT
4 EIER, GETRENNT
50 G ZUCKER
40 ML KAKAOLIKÖR
6 BLATT GELATINE, IN KALTEM WASSER EINGEWEICHT
400 ML SAHNE, STEIF GESCHLAGEN
40 ML ESPRESSO, FRISCH ZUBEREITET UND ABGEKÜHLT
1 TL BACKKAKAO
75 G CANTUCCINI, GROB GEHACKT
75 G BAISER, GROB GEHACKT

AUSSERDEM
TOFFIFEE, CANTUCCINI UND MOKKABOHNEN ZUM GARNIEREN
6 DESSERTRINGE, **Ø 8 CM, CA. 6 CM HOCH**

1. Die weiße Schokolade über einem Wasserbad oder in der Mikrowelle schmelzen (siehe Seite 7).

2. Drei Eiweiß steif schlagen und beiseite stellen. Eigelb, Zucker und das übrige Eiweiß mit dem Kakaolikör in einen Schlagkessel geben und über einem heißen Wasserbad schaumig schlagen. Die Masse darf nicht zu heiß werden, da sie sonst stockt. Den Topf vom Herd nehmen. Die abgetropfte Gelatine und die geschmolzene Schokolade unterrühren. Zuerst die Sahne, dann den Eischnee unterheben.

3. Die Masse nun auf zwei Schüsseln verteilen. Unter die eine Hälfte den Espresso und den Kakao unterheben. Diese Masse auf sechs Dessertringe verteilen und glatt streichen. Im Kühlschrank ca. 30 Minuten fest werden lassen.

4. Die grob gehackten Cantuccini und Baisers auf die Mousse streuen. Dann die zweite Masse darüber verteilen und glatt streichen. Mindestens 4 Stunden kalt stellen. Vor dem Servieren aus den Ringen lösen und nach Belieben garnieren.

Cookies 2 go

HELLE COOKIES MIT MOUSSE-NOCKE

FÜR **20 STÜCK** • ZUBEREITUNGSZEIT: **30 MIN. + 4 ½ H KÜHLZEIT** • BACKZEIT: **10–12 MIN**

FÜR DIE MOUSSE

125 G WEISSE KUVERTÜRE
1 EI, GETRENNT
2 EL ZUCKER
100 ML MILCH
125 ML SAHNE, STEIF GESCHLAGEN

FÜR DIE KEKSE

250 G MEHL
90 G ZUCKER
1 PCK. VANILLEZUCKER
125 G BUTTER
1 EI
1 PRISE SALZ

AUSSERDEM

50 G WEISSE SCHOKOLADE
100 G ZARTBITTERSCHOKOLADE
100 G ZARTBITTERKUVERTÜRE
150 G HIMBEEREN
20 TOFFIFEE
KREISAUSSTECHER, **Ø 8 CM**

1. Für die Mousse die Kuvertüre wie angegeben schmelzen (siehe Seite 7). Das Eiweiß mit 1 EL Zucker steif schlagen und kalt stellen. Das Eigelb mit dem restlichen Zucker im heißen Wasserbad aufschlagen, bis es andickt. Die Milch erwärmen und damit die Kuvertüre glatt rühren. Diese Kuvertüremilch mit der Eigelbmasse über einem kalten Wasserbad schlagen, bis die Masse abgekühlt ist. Die Sahne mit dem Eischnee unter die Ei-Schoko-Masse heben und mindestens 4 Stunden kalt stellen.

2. Alle Zutaten für die Kekse vermischen und zu einer feinkrümeligen Masse verarbeiten. Auf der Arbeitsfläche alles verkneten, zu einer flachen Platte formen und in Frischhaltefolie wickeln. 30 Minuten im Kühlschrank kühlen. Den Backofen auf 180 °C Ober- und Unterhitze vorheizen. Den Teig auf einer leicht bemehlten Arbeitsfläche 3–4 mm dünn ausrollen. Die Kekse ausstechen und auf ein mit Backpapier ausgelegtes Backblech legen. 10–12 Minuten auf mittlerer Schiene backen. Herausnehmen und abkühlen lassen.

3. Die weiße Schokolade schmelzen. Kleine, runde Tupfen auf ein Backpapier setzen und 10 Minuten im Tiefkühlfach anfrieren lassen. In der Zwischenzeit die Zartbitterschokolade schmelzen. Die dunkle Schokolade über den weißen Tupfen verteilen. Abkühlen lassen und in Stücke brechen.

4. Die Kuvertüre schmelzen und in Linien auf den Keksen verteilen. Auf einem Gitter trocknen lassen. Je eine Mousse-Nocke auf die Kekse setzen, mit Himbeeren, Schokostücken und Toffifee garnieren.

Toffifee trifft Frucht

DESSERT-STICKS

FÜR **12 STÜCK** • ZUBEREITUNGSZEIT: **30 MIN + 1 H KÜHLZEIT**

FÜR DIE KAFFEE-CREME
125 ML MILCH
1 EL ZUCKER
10 G STÄRKE
1–2 TL INSTANTKAFFEEPULVER
1 EL KAKAOPULVER, ENTÖLT
60 G BUTTER, ZIMMERWARM

AUSSERDEM
12 TOFFIFEE
12 CAKE-POP-STIELE
4–6 TL ORANGENMARMELADE
1 APRIKOSE
SPRITZBEUTEL MIT STERNTÜLLE

1. Für die Creme Milch, Zucker und Stärke in einem Schüttelbecher mischen. Alles in einem Topf aufkochen. Sobald die Masse andickt, vom Herd nehmen und abkühlen lassen.

2. Das Kaffee- und Kakaopulver unter die Masse rühren. Mit Frischhaltefolie abdecken und auf Zimmertemperatur abkühlen lassen.

3. Die Butter schaumig schlagen und die Kaffeecreme esslöffelweise unterheben. Die Creme in einen Spritzbeutel mit Sterntülle füllen. 1 Stunde im Kühlschrank durchkühlen lassen.

4. Die Toffifee auf die Cake-Pop-Stiele aufspießen. Dafür zuerst mit einem Zahnstocher oder Schaschlikspieß in die gewölbte Seite ein kleines Loch drücken, erst dann die Stiele durchstecken.

5. Auf die Toffifee mittig einen kleinen Klecks Orangenmarmelade auftragen. Anschließend mit dem Spritzbeutel kleine Tuffs aufspritzen und bis zum Servieren kühl stellen. Mit kleinen Aprikosenstücken garnieren.

himmlisch!

MOKKA-TOFFIFEE-CUPCAKES

ZWEIFARBIGER CREMETRAUM

FÜR **12 STÜCK** • ZUBEREITUNGSZEIT: **40 MIN. + 30 MIN. KÜHLZEIT** • BACKZEIT: **20 MIN.**

FÜR DEN TEIG

275 G MEHL
2 TL BACKPULVER
1 TL NATRON
3 EL TOFFIFEE-PULVER (SIEHE BASISREZEPT S. 8)
1 EI
130 G ZUCKER
80 ML ÖL
300 ML BUTTERMILCH

FÜR DIE CREMES

500 ML MILCH
4 EL ZUCKER
50 G STÄRKE
3 EL TOFFIFEE-BASISCREME (SIEHE BASISREZEPT S. 8)
2 EL INSTANTKAFFEEPULVER
3 EL KAKAOPULVER, ENTÖLT
250 G ZIMMERWARME BUTTER

AUSSERDEM

12 TOFFIFEE
12 MUFFINFÖRMCHEN

1. Den Backofen auf 180 °C Ober- und Unterhitze vorheizen. Mehl, Backpulver, Natron und Toffifee-Pulver vermischen. In einer zweiten Schüssel das Ei verquirlen. Zucker, Öl und Buttermilch hinzufügen und alles verrühren. Den Teig in das mit Papierförmchen ausgelegte Muffinblech füllen und etwa 20 Minuten auf mittlerer Schiene backen. Abkühlen lassen.

2. In der Zwischenzeit die beiden Cremes zubereiten. Dazu 450 ml Milch erhitzen. Die restliche Milch mit Zucker und Stärke in einem Schüttelbecher gut durchmischen. Sobald die Milch anfängt zu kochen, den Topf vom Herd nehmen und die Milch-Stärke-Mischung unterrühren. Danach unter Rühren die Puddingmasse erneut aufkochen lassen, bis sie andickt. Topf vom Herd nehmen. Die Hälfte des Puddings in eine Schüssel geben, dann Kaffee- und Kakaopulver unterrühren. Mit Frischhaltefolie abdecken. Die restliche Masse mit der Toffifeecreme verrühren und ebenfalls mit Frischhaltefolie abdecken.

3. Die beiden Puddingmischungen auf Zimmertemperatur abkühlen lassen. Damit die Creme nicht gerinnt, müssen Pudding und Butter bei der Weiterverarbeitung die gleiche Temperatur haben. Die Hälfte der Butter schaumig schlagen und den Karamellpudding esslöffelweise unterrühren. Mit der Kaffeecreme anschließend ebenso verfahren. Die Cremes kühlen und auf die Muffins spritzen.

DESSERTKUGEL MIT TOFFIFEE-FÜLLUNG

Softe Hülle, Knuspriger Kern

FÜR **5–6 HALBKUGELN** • ZUBEREITUNGSZEIT: **30 MIN** • BACKZEIT: **15 MIN.**

FÜR DEN TEIG

150 G BUTTER
150 G ZUCKER
1 EL ORANGENSCHALE, GERIEBEN
1 EI
1 EIGELB
150 G MEHL
½ TL BACKPULVER
1 PRISE SALZ

FÜR DIE FRÜCHTEMOUSSE

4 BLATT GELATINE
200 G KIRSCHEN, ERDBEEREN ODER HIMBEEREN, PÜRIERT
40–60 G PUDERZUCKER
200 ML SAHNE

AUSSERDEM

5–6 TOFFIFEE
6 HALBKUGELN, **Ø 8–10 CM**
SPRINGFORM, **Ø 26 CM**

1. Für den Teigboden Butter, Zucker und Orangenschale schaumig aufschlagen. Das Ei und das Eigelb unterrühren. Sobald eine homogene Masse entstanden ist, Mehl, Backpulver und Salz unterheben. Die Masse in die gefettete Springform geben und bei 180 °C Ober- und Unterhitze 15–20 Minuten goldbraun backen. Mit der Stäbchenprobe testen, ob der Teig gar ist. Den Teig aus dem Backofen nehmen und gut auskühlen lassen. Anschließend für die Formen passende Kreise ausschneiden oder ausstechen.

2. Die Gelatine in kaltem Wasser einweichen. Das Früchtepüree in eine Schüssel geben und mit dem Puderzucker verrühren. Die Sahne halbsteif aufschlagen und kalt stellen. Die ausgedrückte Gelatine mit 2 EL Fruchtpüree verrühren und dann unter das restliche Früchtepüree geben. Nun ein Drittel der aufgeschlagenen Sahne unterrühren. Die übrige Sahne vorsichtig unterheben.

3. Die Mousse in die Halbkugeln verteilen, je ein Toffifee hineindrücken und mit dem Kuchenboden abschließen. Das Dessert für mindestens drei Stunden kalt stellen.

TOFFIFEE XXL

SCHOKO-KARAMELL-TALER

FÜR **8 STÜCK** • ZUBEREITUNGSZEIT: **60 MIN. + 30 MIN. KÜHLZEIT** • BACKZEIT: **10–12 MIN.**

FÜR DIE TOFFIFEE-CREME
125 G BUTTER, WEICH
75 G PUDERZUCKER
200 G FRISCHKÄSE
1 PORTION TOFFIFEE-BASISCREME (SIEHE BASISREZEPT S. 8)

FÜR DIE KEKSE
230 G MEHL
90 G ZUCKER
1 PCK. VANILLEZUCKER
125 G BUTTER
2 EL BACKKAKAO
1 EI
1 PRISE SALZ

AUSSERDEM
300 G VOLLMILCHSCHOKOLADE
150 G ZARTBITTERSCHOKOLADE
KREISAUSSTECHER, **Ø 8 CM UND 4 CM**

1. Für die Creme Butter mit Puderzucker cremig aufschlagen. Frischkäse esslöffelweise zugeben, allerdings nicht zu viel auf einmal, da sonst die Creme unter Umständen flockig wird. Die Toffifee-Basiscreme unterheben. Die Creme in einen Spritzbeutel mit Sterntülle füllen und kühl stellen.

2. Für die Kekse alle angegebenen Zutaten vermischen und mit den Knethaken des Handrührgeräts zu einer feinkrümeligen Masse verarbeiten. Auf der Arbeitsfläche alles verkneten, zu einer flachen Platte formen und in Frischhaltefolie wickeln. 30 Minuten im Kühlschrank kühlen. Den Backofen auf 180 °C Ober- und Unterhitze vorheizen. Den Teig auf einer leicht bemehlten Arbeitsfläche 3–4 mm dünn ausrollen. Kekse rund ausstechen. Auf ein mit Backpapier ausgelegtes Backblech legen und die Kekse 10–12 Minuten auf der mittleren Schiene backen. Herausnehmen und abkühlen lassen.

3. Die beiden Schokoladen getrennt schmelzen (siehe Seite 7). Die Schokolade auf eine Silikonmatte oder auf Backpapier gießen und abkühlen lassen. Aus der Vollmilchschokolade 8 große, aus der Zartbitterschokolade 8 kleine Kreise ausstechen.

4. Auf jeden Keksboden Creme aufspritzen und jeweils eine Vollmilchplatte darauf legen. Anschließend die Zartbitterkreise mittig auflegen. Bis zum Servieren kalt stellen.

fee 15 Stück

Verschenken & genießen

Türmchenbau

TOFFIFEE-TUFFS

FÜR CA. **15–20 STÜCK** • ZUBEREITUNGSZEIT: **50 MIN. + 30 MIN. KÜHLZEIT** • BACKZEIT: **2–3 H**

FÜR DIE BAISERTUPFEN

1 EIWEISS
1 PRISE SALZ
60 G ZUCKER
1 TL STÄRKE

FÜR DIE KEKSE

1 EI
1 PRISE SALZ
230 G MEHL
2 EL BACKKAKAO
125 G ZUCKER
1 PCK. VANILLEZUCKER
125 G BUTTER

FÜR DIE FÜLLUNG

20 TOFFIFEE
200 G MOKKA-SCHOKOLADE
2 EL INSTANT-KAFFEEPULVER
50 G HASELNÜSSE, GEHACKT UND GERÖSTET

AUSSERDEM

AUSSTECHER, **3 CM X 3CM**

1. Das Eiweiß mit dem Salz aufschlagen und dabei den Zucker einrieseln lassen. Das Eiweiß ist fest genug, wenn sich Spitzen bilden. Zur Stabilisierung die Stärke über die Eiweißmasse sieben und unterheben.

2. Die Masse in einen Spritzbeutel mit Sterntülle füllen, zur Spitze drücken und das offene Ende des Spritzbeutels fest zudrehen. Kleine Baisertupfen auf ein mit Backpapier belegtes Backblech spritzen und im vorgeheizten Backofen bei 80–90 °C Umluft auf der untersten Schiene 2–3 Stunden trocknen lassen.

3. Alle Zutaten für die Kekse zu einer feinkrümeligen Masse vermischen. Den Teig auf der Arbeitsfläche kneten, zu einer flachen Platte formen und in Frischhaltefolie wickeln. 30 Minuten im Kühlschrank kühlen. Den Backofen auf 180 °C Ober- und Unterhitze vorheizen. Den Teig auf einer leicht bemehlten Arbeitsfläche 3–4 mm dünn ausrollen und die Kekse ausstechen. Auf einem mit Backpapier ausgelegten Backblech 10–12 Minuten auf mittlerer Schiene backen, herausnehmen und abkühlen lassen.

4. Die Toffifee für mindestens 30 Minuten ins Tiefkühlfach geben. Mokka-Schokolade schmelzen (siehe Seite 7) und Kaffeepulver unterrühren. Je ein Toffifee in die Schokolade tauchen, herausnehmen. Die überschüssige Schokolade abtropfen lassen und mit der breiten Fläche nach unten auf ein Abtropfgitter legen. Mit Haselnüssen bestreuen und die Baisertupfen darauf setzen.

TIPP

Solltest du kein Mini-Muffinblech haben, verwende jeweils zwei ineinander gestellte Papierförmchen, die du direkt auf das Backblech setzt.

BROWNIE-MINI-MUFFINS

TOFFIFEE BITES

FÜR **20 STÜCK** • ZUBEREITUNGSZEIT: **15 MIN.** • BACKZEIT: **8–10 MIN**

60 G BUTTER
100 G BRAUNER ZUCKER
1 PCK. VANILLEZUCKER
1 EI
45 G MEHL
40 G BACKKAKAO
¼ TL BACKPULVER
30 G SCHOKOLADENRASPEL, ZARTBITTER
1 PRISE SALZ
20 TOFFIFEE

AUSSERDEM
MINI-MUFFINBLECH
20 MINI-MUFFINFÖRMCHEN AUS PAPIER

1. Den Backofen auf 180 °C Ober- und Unterhitze vorheizen. Die Mulden des Mini-Muffinblechs mit Papierförmchen auslegen.

2. Die Butter in einem Topf schmelzen. Vom Herd nehmen. Zucker und Vanillezucker hinzugeben und alles zu einer homogenen Masse verrühren. Dann das Ei unterrühren.

3. Mehl, Kakao, Backpulver, Schokoladenraspel und Salz in einer Schüssel vermengen. Die Buttermischung hinzugeben und alles miteinander vermischen. Die Masse in einen Spritzbeutel geben und die Förmchen zu zwei Dritteln mit Teig füllen. 8–10 Minuten auf mittlerer Schiene backen.

4. Je ein Toffifee in einen Mini-Muffin drücken. Dazu am besten die breite Seite einer Palette oder eines Messers verwenden, so werden unschöne Fingerabdrücke vermieden. Die Toffifee-Bites aus der Form herausnehmen und abkühlen lassen.

DOPPELDECKER IN SCHWARZ-WEISS

Gefüllte Cremekekse

FÜR CA. **50 STÜCK** • ZUBEREITUNGSZEIT: **1 H** • BACKZEIT: **10–12 MIN.**

FÜR DIE KEKSE
230 G MEHL
2 EL BACKKAKAO
125 G ZUCKER
1 PCK. VANILLEZUCKER
125 G BUTTER
1 EI
1 PRISE SALZ

AUSSERDEM
200 G WEISSE KUVERTÜRE
1 PORTION TOFFIFEE-BASISCREME (SIEHE BASISREZEPT S. 8)

1. Für die Kekse alle Zutaten vermischen und mit den Knethaken des Handrührgeräts zu einer feinkrümeligen Masse verarbeiten. Auf der Arbeitsfläche mit den Händen weiterkneten. Den Teig in Frischhaltefolie 30 Minuten in den Kühlschrank legen. Den Backofen auf 180 °C Ober- und Unterhitze vorheizen.

2. Den Teig auf einer leicht bemehlten Arbeitsfläche 3–4 mm dünn ausrollen. Die Kekse in beliebiger Form ausstechen und auf ein mit Backpapier ausgelegtes Backblech legen. 10–12 Minuten auf mittlerer Schiene backen. Abkühlen lassen.

3. Kuvertüre im Wasserbad schmelzen (siehe Seite 7). Die Kekse zur Hälfte in die Kuvertüre tauchen und auf einem Gitter trocknen lassen. Die Hälfte der Kekse mit je 1 TL der Toffifee-Creme bestreichen, den zweiten Keks daraufsetzen.

TIPP

In einer Dose sind die gefüllten Kekse bis zu vier Wochen haltbar.

CRUNCH-FRÜHSTÜCKS-AUFSTRICH

für Lieblingstage

FÜR **1 GLAS** • ZUBEREITUNGSZEIT: **10 MIN**

1 PKG. TOFFIFEE (15 STÜCK)
60 ML SAHNE
80 G BUTTER, WEICH

AUSSERDEM
VANILLE, ZIMT ODER INSTANT-KAFFEEPULVER NACH BELIEBEN

1. Die Toffifee mindestens 2 Stunden ins Gefrierfach legen. Anschließend mit einem Stabmixer grob zerkleinern und 2–3 EL der Masse abnehmen. Die restlichen Toffifee fein mahlen.

2. Sahne, Butter und die grob gemahlenen Toffifee vermischen. Nach Belieben Vanille, Zimt oder Instant-Kaffeepulver dazugeben. Alles mixen bis sich eine homogene Masse bildet. Die Creme in ein Glas füllen und kalt stellen.

Persönlicher Glücklichmacher

TOFFIFEE-SCHOKOTAFEL

FÜR **1 TAFEL** • ZUBEREITUNGSZEIT: **15 MIN. + 2–4 H KÜHLZEIT**

FÜR DIE SCHOKOTAFEL
200 G VOLLMILCHKUVERTÜRE ODER -SCHOKOLADE, GROB GEWÜRFELT
PISTAZIEN, MANDELBLÄTTCHEN, ROSENBLÄTTER, HAGELZUCKER, KROKANT NACH BELIEBEN
8–10 TOFFIFEE
RECHTECKIGE FORM, **CA. 10 CM X 18 CM**

1. Die Vollmilchkuvertüre bzw. -schokolade schmelzen (siehe S. 7). Nach Belieben Pistazien, Rosenblätter oder andere Geschmackskomponenten unter die Schokolade mischen.

2. Eine dünne Schicht Schokolade auf den Boden der rechteckigen Form gießen. Die Toffifee auf der Schokolade verteilen und die restliche Schokolade über die Toffifee gießen. Entweder im Kühlschrank oder in einem kühlen Raum – die Temperatur sollte nicht mehr als 18 °C betragen – abkühlen lassen. Anschließend in Alufolie wickeln.

HEISSE TOFFIFEE-SCHOKOLADE

Genuss Deluxe

FÜR **2 PORTIONEN** • ZUBEREITUNGSZEIT: **10 MIN**

500 ML MILCH
6 TOFFIFEE, GEMAHLEN
1–3 EL BACKKAKAO
3–4 EL KARAMELLSAUCE (SIEHE BASISREZEPT S. 9)
100 ML SAHNE

1. Die Milch aufkochen. Die gemahlenen Toffifee, den Backkakao und 2 EL von der Karamellsauce unterrühren.

2. Die Sahne steif schlagen.

3. Die heiße Toffifee-Schokolade in zwei Gläser füllen. Mit einer großzügigen Sahnehaube und der restlichen Karamellsauce garnieren und direkt genießen.

TIPP
Im Sommer kann die Schokolade auch als Milkshake mit einer Kugel Eis zubereitet werden.

EDLE CAKE POPS

BLACK & WHITE

FÜR **14 STÜCK** • ZUBEREITUNGSZEIT: **20 MIN. + 30 MIN. KÜHLZEIT**

FÜR DEN TEIG
200 G SCHOKOKUCHEN
2 TL FRISCHKÄSE
3–5 EL MILCH
15 TOFFIFEE, GEMAHLEN

AUSSERDEM
200 G WEISSE KUVERTÜRE
14 CAKE-POP-STIELE
GOLDGLITTER ODER ZUCKERSTREUSEL

1. Den Kuchen mit den Händen in feine Brösel zermahlen. Mit dem Frischkäse, 3 EL Milch und den gemahlenen Toffifee mischen, bis sich der Teig gut formen lässt. Bei Bedarf noch etwas Milch zugeben. Den Teig zu Kugeln formen.

2. Die Kuvertüre schmelzen (siehe Seite 7). Die Cake-Pop-Stiele in die Kuvertüre tauchen und anschließend in die Teigkugeln stecken. Diese dann für 30 Minuten in den Tiefkühlschrank legen.
Die Kuvertüre je nach Bedarf noch einmal kurz erwärmen, sodass sie wieder eine flüssige Konsistenz hat. Die Cake-Pops in die Kuvertüre tauchen und überschüssige Schokolade leicht abklopfen. Nun mit dem Goldglitter oder den Zuckerstreuseln bestreuen.

GESCHENKVERPACKUNG
mit Rezeptkarten

MATERIAL

- KRAFTKARTON, **35 CM X 25 CM**
- SCRAPBOOKING-PAPIERRESTE IN VERSCHIEDENEN FARBEN UND MUSTERN
- MINI-KUVERT AUS TRANSPARENTPAPIER, **7 CM X 5 CM**
- PAPIER-GESCHENKANHÄNGER, **4 CM X 7 CM**
- KONFETTI AUS SEIDENPAPIER
- STICKER MIT SCHRIFTZÜGEN, BUCHSTABEN UND SYMBOLEN
- SATINBAND IN ROSA, **3 MM BREIT, 12 CM LANG**
- KORDEL IN BLAU-WEISS, **12 CM LANG**
- KORDEL IN PINK, **30 CM LANG**
- DOPPELSEITIGES KLEBEBAND
- KLEBESTIFT
- SCHERE ODER CUTTER
- FALZBEIN

1. Toffifee-Schachtel auf Kraftkarton legen und die Grundfläche umfahren. An allen vier Seiten einen 2,5 cm breiten Streifen einzeichnen. Der lange Streifen rechts muss auf beiden Seiten etwa 1 cm länger als die Schachtel sein, um die Verpackung später zu verkleben.

2. Nun die Schachtel links am langen Streifen anlegen und die Grundfläche nochmals übertragen. Neben diese Fläche wieder einen langen Streifen mit 2,5 cm Breite setzen. Den Umriss ausschneiden, die Kanten falzen und die Box zusammenkleben.

3. Mini-Kuvert mit Konfetti befüllen. Von innen auf den Boxdeckel kleben.

4. Das Satinband durch die Öse im Geschenkanhänger ziehen. Aus Kraftpapier ein Dreieck mit 5,3 cm x 5 cm x 5 cm zuschneiden. Die beiden kurzen Seiten je ca. 1 cm nach hinten zu Klebelaschen umfalten. Die Ecke auf den Boxdeckel kleben, den Anhänger hineinstecken.

5. Schreibe dann deine Lieblingsrezepte auf Kärtchen à 8,5 cm x 6,5 cm. An einer kurzen Seite lochen und eine Kordel durchführen. Aus Scrapbooking-Papier ein Rechteck mit 9 cm x 10 cm schneiden und Klebelaschen à 1 cm an beiden langen und einer kurzen Seite falten. An der zweiten kurzen Seite einen kleinen Halbkreis ausschneiden. Das Rechteck an den Klebelaschen auf dem Deckel befestigen.

6. Das Seidenpapier-Konfetti auf die Außenseite der Geschenkverpackung kleben. Zum Schluss die einzelnen Elemente beschriften und mit Stickern dekorieren. Die Box mit einer Kordel verschließen.

DREI-GEWINNT-BOX

MATERIAL
KARTON IN WEISS,
25 CM X 30 CM
SCRAPBOOKINGPAPIER IN SCHWARZ-WEISS KARIERT,
6,2 CM X 27 CM
TONPAPIERREST IN SCHWARZ UND WEISS
KORDEL IN SCHWARZ,
30 CM LANG
KREISSTANZER, **Ø 2,8 CM, 5 CM UND 5,4 CM**
FILZSTIFT IN SCHWARZ
PERMANENTMARKER IN SCHWARZ, DICK
DOPPELSEITIGES KLEBEBAND
ABSTANDSKLEBEPADS
KLEBSTOFF
SCHERE
FALZBEIN

SPIELIDEE

Ein Teil der Blisterpackung eignet sich als Drei-gewinnt-Spiel. Hierfür die richtig herum gedrehten Toffifee als Kreise, die umgedrehten als Kreuze verwenden.

1. Trenne den Pappschuber einer Toffifee-Verpackung an einer Seite auf. Diesen als Schablone verwenden und den Umriss auf den weißen Karton übertragen. An einer langen Seite eine 1 cm breite Klebelasche einzeichnen und alles ausschneiden. Mit einem Falzbein die Faltkanten bearbeiten.

2. Auf der Rückseite zeichnest du nun auf einer der Grundflächen ein Raster ein. 7 mm Abstand vom äußeren Rand halten und dann nach 28 mm und nach 4 mm eine Linie einzeichnen. Diesen Schritt noch zweimal wiederholen. Zeichne die Linien in den angegebenen Abständen auch in der Höhe der Grundfläche ein, sodass 3x3-Felder entstehen. Die Stanzschablone mittig in 3–4 Feldern positionieren und runde Fenster aus dem Karton stanzen.

3. Den Karton umdrehen und zwischen die ausgestanzten Kreise mit einem dicken Marker Kreuze aufzeichnen. Orientiere dich dafür auch am Bild.

4. Den Schuber nun an der Klebelasche mit doppelseitigem Klebeband zusammenkleben. Den Streifen aus Scrapbooking-Papier um den Schuber legen und auf der Rückseite fixieren.

5. Aus schwarzem Tonpapier einen Kreis mit ø 5,4 cm, aus weißem Papier mit ø 5 cm ausstanzen. Den weißen Kreis beschriften und mittig auf den schwarzen kleben. Das runde Etikett nun mit Abstandsklebepads auf der Banderole befestigen.

KONFETTI-GIRLANDE

TOPPER FÜR EDLE TORTEN & SCHICKE KUCHEN

MATERIAL
METALLIC-FOLIE IN GOLDFARBEN (BZW. FERTIGES KONFETTI IN GOLDFARBEN)
2 HOLZSPIESSE
GARN IN WEISS, **25 CM UND 5X 15 CM LANG**
KREISSTANZER, **Ø 1,2 CM–2 CM**

1. Stanze aus der Metallic-Folie 46 Kreise mit ø 1,2 cm–2 cm. Achte darauf, dass du von jeder Größe eine gerade Anzahl Kreise hast. 32 Kreise nun auf die fünf Garnstücke verteilen und beidseitig im Abstand von 1–2 cm aufkleben. Die fünf Stränge im Abstand von ca. 3 cm an den langen Faden knoten.

2. Das lange Garnstück an die Enden zweier Holzspieße binden. Wenn du die Enden der Spieße zuvor mit einem Cutter leicht einkerbst und den Faden dort einklemmst, kann er nicht mehr verrutschen. Die überstehenden Fadenenden abschneiden. Die übrigen Kreise beidseitig auf die Knoten kleben.

HERZ-TOPPER

MATERIAL JE TOPPER
PAPIERTRINKHALM IN ROSA-WEISS GESTREIFT
2 PAPIERSTREIFEN IN ROSA, **1,5 CM X 11,5 CM**
SPIEGELKARTON GOLDFARBEN, **3 CM X 4 CM**
STANZTEIL „WITH LOVE“
TACKER
LOCHZANGE

1. Für das Herz die beiden Papierstreifen übereinander legen und an einem Ende zusammentackern. Forme nun aus den beiden offenen Enden ein Herz und fixiere sie ebenso mit einer Tackernadel.

2. Leg nun das Herz etwas schräg auf den Trinkhalm und markiere die Berührungsstellen mit Bleistift auf den Papierstreifen. An diesen beiden Stellen mit der Lochzange zwei Öffnungen für den Trinkhalm in den Papierstreifen stanzen und den Halm durchschieben.

3. Für das Pfeilende den Spiegelkarton pfeilförmig zuschneiden, danach den Rand alle 5 mm einschneiden. Am oberen Ende des Trinkhalms zwei Kerben einschneiden und das Pfeilende hineinstecken. Das Stanzteil „with love“ auf das Herz kleben.

LIEBEVOLLE DEKO FÜR GETRÄNKE & CUPCAKES

COOKIE-TÜTEN

MATERIAL JE TÜTE
BUTTERBROTTÜTE IN WEISS
BRUSH-PEN
KARTON IN BELIEBIGER FARBE, **5 CM X 10 CM**
KORDEL IN GOLDFARBEN
GARN IN SCHWARZ, **10 CM LANG**
BRIEFKLEMMER IN SCHWARZ

SELBST GEMACHTE KEKSTÜTEN MIT BOTSCHAFT

1. Butterbrottüte mit dem Brush-Pen beschriften. Bitte beachte: Linien, die von oben nach unten führen, werden mit dem Brush-Pen mit Druck ausgeübt – so entstehen dicke Linien. Bei Linien, die von unten nach oben führen, wird der Stift hingegen locker gezogen – so entstehen dünne Linien. Wer sich noch unsicher ist, kann eine Vorlage zeichnen oder kopieren, diese in die Butterbrottüte schieben und mit einem Fineliner durchpausen.

2. Die goldfarbene Kordel um die kürzere Seite des Kartonstreifens wickeln. Den Fadenanfang zu Beginn festhalten, später wird er durch das aufgewickelte Material fixiert. Je öfter das Garn um den Karton gewickelt wird, desto voluminöser wird die Quaste. Wenn du mit dem Volumen zufrieden bist, schneide die Kordel ab. Ziehe ein 6 cm langes Kordelstück zwischen das aufgewickelte Garn und den Kartonstreifen, umfasse das gewickelte Garn und knote es fest. Das Garn vom Karton streifen und die Quaste unten aufschneiden. Das „Köpfchen" mit dem schwarzen Garn mehrmals umwickeln, verknoten und den Faden abschneiden. Zum Schluss die Quaste auf eine gleichmäßige Länge kürzen.

3. Das Gebäck in die Tüte legen, den Tütenrand zweimal umfalten, die Quaste auf die Tüte legen und alles mit einer Briefklemme fixieren.

FÜR NASCHKATZEN

MATERIAL JE BOX
ESPRESSO-PAPPBECHER
KOPIERPAPIERREST
TONPAPIERREST IN WEISS UND ROSA
SCHLEIFENBAND IN WEISS, **8 MM BREIT, 14 CM LANG**
SCHLEIFENBAND IN ROSA, **5 MM BREIT, 14 CM LANG**
AQUARELLFARBE IN ROSA
FILZSTIFT IN SCHWARZ
FEINER KUPFERDRAHT, **14X 6 CM LANG**
MASKING TAPE
DOPPELSEITIGES KLEBEBAND
STECKNADEL
SCHERE UND CUTTER

1. Den dicken Rand eines Espresso-Pappbechers wegschneiden. In den Becherboden mittig ein kleines Kreuz einschneiden. Es sollte nur so groß sein, dass der Spieß eines Dessert-Sticks oder Cake Pops gerade so durchpasst.

2. Für die Manschette fertigst du zunächst eine Schablone, indem du Kopierpapier ganz eng um den Pappbecher wickelst und mit einem Bleistift seine Kanten nachfährst. Danach an der oberen Kante zwei Katzenohren einzeichnen und die Schablone ausschneiden.

3. Die Schablone auf weißes Tonpapier übertragen, ausschneiden und das Katzengesicht mit Bleistift aufzeichnen. Ohren und Zunge mit Aquarellfarbe aufmalen und den Rest mit einem schwarzen Stift nachziehen. Für die Schnurrhaare den Becher an entsprechender Stelle mit einer Stecknadel einstechen und dünne Drahtstücke durch die beiden Löcher fädeln. Von hinten mit Masking Tape fixieren. Die Manschette mit doppelseitigem Klebeband auf dem Pappbecher befestigen.

4. Aus weißem Tonpapier einen 1,4 cm x 10 cm großen Streifen zuschneiden. An einem Ende v-förmig einschneiden und beschriften. Einen weiteren Streifen aus rosa Tonpapier mit den Maßen 1,8 cm x 10,4 cm zuschneiden. Den weißen Streifen auf den rosafarbenen kleben und diesen ebenfalls v-förmig einschneiden.

5. Den Spieß nun in die Box schieben. Das Ende des Etiketts um den Spieß legen und mit doppelseitigem Klebeband befestigen. Die Bänder um den Spieß knoten.

WITZIGE GESCHENKBOX FÜR CAKE POPS UND DESSERT-STICKS

SÜßE ÜBERRASCHUNG

MATERIAL JE BOX
MINI-MUFFINFÖRMCHEN, Ø 6 CM
TORTENSPITZE, Ø 12 CM
SEIDENPAPIERREST IN ROSA, PINK, WEISS UND ORANGE
TONKARTONREST IN ROSA, PINK, WEISS UND ORANGE
STEMPEL „FÜR DICH"
KREISSTANZER, Ø 1,7 CM–4 CM
ABSTANDSKLEBEPADS
KLEBSTOFF
HEISSKLEBER

1. Für das Etikett stanzt du aus Tonkarton drei unterschiedlich große Kreise. Bestempel den kleinsten Kreis und klebe die Kreise mittig übereinander. Das fertige Etikett mit Abstandsklebepads auf dem Muffinförmchen befestigen. Das Gebäck in das Muffinförmchen füllen.

2. Für den Deckel aus der Tortenspitze ca. ein Viertel der Fläche keilförmig ausschneiden. Die beiden Schnittkanten übereinander legen und zu einem Kegel zusammenkleben. Schneide die Kegelspitze ca. 2 mm weit ab. In das entstandene Loch steckst du später die Seidenblume.

3. Für die Blume aus jeder Farbe Seidenpapier je zwei Kreise mit ø 4 cm ausstanzen. Die Kreise übereinander legen und die Ränder radial einschneiden – allerdings nicht bis zur Mitte. Die eingeschnittenen Papiere zusammenhalten und in der Mitte zu einer Spitze eindrehen. Auf diese einen kleinen Tupfer Heißkleber geben und die Blume in die Öffnung im Spitzenkegel schieben.

FÜR MINI-MUFFINS UND ANDERE KLEINE LECKEREIEN

HOLZPERLEN-ANHÄNGER

HÜBSCHER HINGUCKER FÜR DAS AUFSTRICH-GLAS

MATERIAL JE ANHÄNGER
HOLZPERLE, **2X Ø 1,5 CM, 4X Ø 1,2 CM UND 2X Ø 1 CM**
BLATTMETALL IN KUPFER
ANLEGEMILCH
GARN IN SCHWARZ, WEISS UND KUPFER
FINELINER IN SCHWARZ
SATINBAND IN SCHWARZ, **5 MM BREIT, 20 CM LANG**
KARTON IN BELIEBIGER FARBE, **2 CM X 5 CM**
NÄHNADEL
SCHERE

1. Die mittelgroßen Holzperlen nach Herstellerangaben mit Blattmetall verkupfern. Alternativ können die Holzperlen auch mit Acrylfarbe bemalt oder besprüht werden. Die zwei großen Holzperlen nach Belieben mit Fineliner beschriften.

2. Das schwarze Garn um die kürzere Seite des Kartons wickeln. Den Fadenanfang zu Beginn festhalten, später wird er durch das aufgewickelte Material fixiert. Je öfter das Garn um den Karton gewickelt wird, desto voluminöser wird die Quaste. Sobald du mit dem Volumen zufrieden bist, die Kordel abschneiden. Ein 25 cm langes Kordelstück zwischen das aufgewickelte Garn und den Kartonstreifen ziehen, das gewickelte Garn umfassen und festknoten. Das Garn vom Karton streifen und die Quaste unten aufschneiden. Das „Köpfchen" mit dem kupferfarbenen Garn mehrmals umwickeln, verknoten und den Faden abschneiden. Zum Schluss die Quaste auf eine gleichmäßige Länge kürzen. Ebenso für die weiße Quaste verfahren.

3. Zuletzt die Perlen auf das überstehende Garn an der Quaste fädeln. Den Anhänger an ein Satinband knoten und um ein Glas binden.

BUCHEMPFEHLUNGEN FÜR DICH

ISBN 978-3-7724-8018-8

ISBN 978-3-7724-8047-8

ISBN 978-3-7724-8056-0

ISBN 978-3-7724-8055-3

ISBN 978-3-7724-8050-8

ISBN 978-3-7724-8041-6

ISBN 978-3-7724-8052-2

ISBN 978-3-7724-8051-5

ISBN 978-3-7724-8053-9

KREATIV-BÜCHER FINDEST DU AUF WWW.TOPP-KREATIV.DE

WEITERE IDEEN ZUM SELBERMACHEN GESUCHT?

Lieblingsstücke von einfach bis einfach genial findest du bei TOPP! Lass dich auf unserer Verlagswebsite, per Newsletter oder in den sozialen Netzwerken von unserer Vielfalt inspirieren!

WEBSITE

Verlockend: Welcher Kreativratgeber soll es für dich sein? Schau doch auf **www.TOPP-kreativ.de** vorbei & stöbere durch die neusten Hits der Saison!

TOPP-AUTOREN

Du willst wissen, wer die „Macher" unserer Bücher sind? Wer dir nützliche Tipps & Tricks gibt? Auf **www.TOPP-kreativ.de/Autor** warten jede Menge spannender Infos zum jeweiligen Autor auf dich. Finde heraus, welches Gesicht hinter deinem Lieblingsbuch steckt!

FACEBOOK

Werde Teil unserer Community & erhalte brandaktuelle Informationen rund ums Handarbeiten auf **www.Facebook.com/Mitstrickzentrale** Wer sich für Basteln, Bauen, Verzieren & Dekorieren interessiert, ist auf **www.Facebook.com/Bastelzentrale** genau richtig!

PINTEREST

Du bist auf der Jagd nach den neusten Trends? Du suchst die besten Kniffe? Die schönsten DIY-Ideen? All das & noch vieles mehr gibt es von TOPP auf **www.Pinterest.com/Frechverlag**

NEWSLETTER

Bunt, fröhlich & überraschend: Das ist der TOPP-Newsletter! Melde dich unter: **www.TOPP-kreativ.de/Newsletter** an & wir halten dich regelmäßig mit Tipps & Inspirationen über dein Lieblingshobby auf dem Laufenden!

EXTRAS ZUM DOWNLOAD IN DER DIGITALEN BIBLIOTHEK

Viele unserer Bücher enthalten digitale Extras: Tutorial-Videos, Vorlagen zum Downloaden, Printables & vieles mehr. Dieses Buch auch? Dann schau im Impressum des Buches nach. Sofern ein Freischaltcode dort abgebildet ist, gib diesen unter **www. TOPP-kreativ.de/DigiBib** ein. Nach erfolgreicher Registrierung erhältst du Zugang zur digitalen Bibliothek & kannst sofort loslegen.

YOUTUBE

Du willst eine ganz neue Technik ausprobieren? Du arbeitest an einem spannenden Projekt, aber weißt nicht weiter? Unsere Tutorials, Werbetrailer, Interviews & Making Of's auf **www.YouTube.com/Frechverlag** helfen dir garantiert dabei, den passenden Ratgeber von TOPP zu finden.

INSTAGRAM

Du bist auf Instagram unterwegs? Super, TOPP auch. Folge uns! Du findest uns auf **www.Instagram.com/Frechverlag** Möchtest du uns an deinem Lieblingsprojekt teilhaben lassen? Am besten postest du gleich ein Foto mit dem Hashtag **#frechverlag** & wir stellen dein Werk gerne unserer Community vor – yeah!

Alles in einer Hand gibt's hier:

KREATIV-BÜCHER FINDEST DU AUF WWW.TOPP-KREATIV.DE

KARINA SCHMIDT

Die Liebe zum Kochen entdeckte Karina Schmidt schon als Jugendliche. Die eigenen Rezepte „nur" Freunden oder der Familie zu präsentieren, reichte ihr jedoch irgendwann nicht mehr aus. Der Wunsch entstand, ein breiteres Publikum zu erreichen. Inzwischen hat Karina Schmidt mehrere Bücher zum Thema Kochen und kulinarische Entdeckungsreisen geschrieben, veranstaltet Kochseminare und arbeitet als freiberufliche Foodstylistin.

IMPRESSUM

REZEPTE: Karina Schmidt
MODELLE UND KREATIVIDEEN: Gesine Harth
FOTOS: frechverlag GmbH, 70499 Stuttgart; shutterstock: 4PM production (Coverfoto, U4 oben); Flamingo Images (U4 unten); HAKINMHAN (U4 Hintergrund); lichtpunkt, Michael Ruder, Stuttgart (alle restlichen)
ILLUSTRATIONEN: schwab : illustrationen, Haselund
PRODUKTMANAGEMENT UND LEKTORAT: Magdalena Wassen
LAYOUT UND COVERGESTALTUNG: Pahnke Markenmacherei GmbH
SATZ: Tatjana Ströber
DRUCK: Livonia Print SIA, Lettland

1. Auflage 2019

ISBN 978-3-7724-8061-4 Best.-Nr. 8061

WEITERE IDEEN ZUM SELBERMACHEN GESUCHT?

Lieblingsstücke von einfach bis einfach genial findest du bei TOPP! Lass dich auf unserer Verlagswebsite, per Newsletter oder in den sozialen Netzwerken von unserer Vielfalt inspirieren!

WEBSITE

Verlockend: Welcher Kreativratgeber soll es für dich sein? Schau doch auf **www.TOPP-kreativ.de** vorbei & stöbere durch die neusten Hits der Saison!

TOPP-AUTOREN

Du willst wissen, wer die „Macher" unserer Bücher sind? Wer dir nützliche Tipps & Tricks gibt? Auf **www.TOPP-kreativ.de/Autor** warten jede Menge spannender Infos zum jeweiligen Autor auf dich. Finde heraus, welches Gesicht hinter deinem Lieblingsbuch steckt!

FACEBOOK

Werde Teil unserer Community & erhalte brandaktuelle Informationen rund ums Handarbeiten auf **www.Facebook.com/Mitstrickzentrale**
Wer sich für Basteln, Bauen, Verzieren & Dekorieren interessiert, ist auf **www.Facebook.com/Bastelzentrale** genau richtig!

PINTEREST

Du bist auf der Jagd nach den neusten Trends? Du suchst die besten Kniffe? Die schönsten DIY-Ideen? All das & noch vieles mehr gibt es von TOPP auf **www.Pinterest.com/Frechverlag**

NEWSLETTER

Bunt, fröhlich & überraschend: Das ist der TOPP-Newsletter! Melde dich unter: **www.TOPP-kreativ.de/Newsletter** an & wir halten dich regelmäßig mit Tipps & Inspirationen über dein Lieblingshobby auf dem Laufenden!

EXTRAS ZUM DOWNLOAD IN DER DIGITALEN BIBLIOTHEK

Viele unserer Bücher enthalten digitale Extras: Tutorial-Videos, Vorlagen zum Downloaden, Printables & vieles mehr. Dieses Buch auch? Dann schau im Impressum des Buches nach. Sofern ein Freischaltcode dort abgebildet ist, gib diesen unter **www. TOPP-kreativ.de/DigiBib** ein. Nach erfolgreicher Registrierung erhältst du Zugang zur digitalen Bibliothek & kannst sofort loslegen.

YOUTUBE

Du willst eine ganz neue Technik ausprobieren? Du arbeitest an einem spannenden Projekt, aber weißt nicht weiter? Unsere Tutorials, Werbetrailer, Interviews & Making Of's auf **www.YouTube.com/Frechverlag** helfen dir garantiert dabei, den passenden Ratgeber von TOPP zu finden.

INSTAGRAM

Du bist auf Instagram unterwegs? Super, TOPP auch. Folge uns! Du findest uns auf **www.Instagram.com/Frechverlag**
Möchtest du uns an deinem Lieblingsprojekt teilhaben lassen? Am besten postest du gleich ein Foto mit dem Hashtag **#frechverlag** & wir stellen dein Werk gerne unserer Community vor – yeah!

Alles in einer Hand gibt's hier:

KREATIV-BÜCHER FINDEST DU AUF WWW.TOPP-KREATIV.DE

KARINA SCHMIDT

Die Liebe zum Kochen entdeckte Karina Schmidt schon als Jugendliche. Die eigenen Rezepte „nur“ Freunden oder der Familie zu präsentieren, reichte ihr jedoch irgendwann nicht mehr aus. Der Wunsch entstand, ein breiteres Publikum zu erreichen. Inzwischen hat Karina Schmidt mehrere Bücher zum Thema Kochen und kulinarische Entdeckungsreisen geschrieben, veranstaltet Kochseminare und arbeitet als freiberufliche Foodstylistin.

IMPRESSUM

REZEPTE: Karina Schmidt
MODELLE UND KREATIVIDEEN: Gesine Harth
FOTOS: frechverlag GmbH, 70499 Stuttgart: shutterstock: 4PM production (Coverfoto, U4 oben); Flamingo Images (U4 unten); HAKINMHAN (U4 Hintergrund); lichtpunkt, Michael Ruder, Stuttgart (alle restlichen)
ILLUSTRATIONEN: schwab : illustrationen, Haselund
PRODUKTMANAGEMENT UND LEKTORAT: Magdalena Wassen
LAYOUT UND COVERGESTALTUNG: Pahnke Markenmacherei GmbH
SATZ: Tatjana Ströber
DRUCK: Livonia Print SIA, Lettland

1. Auflage 2019

ISBN 978-3-7724-8061-4 Best.-Nr. 8061